안녕? 한국사
6

저학년 첫 역사책
안녕? 한국사 ⑥ 근현대

초판 1쇄 발행 2015년 4월 10일
초판 6쇄 발행 2023년 1월 20일

글 그림 백명식
감수 김동운(전 국사편찬위원회 교육연구관)
사진 국립중앙박물관(공공누리), 위키미디어 공용

펴낸이 홍석 | **이사** 홍성우
편집부장 이정은 | **편집** 박고은, 조유진 | **디자인** 권영은, 김연서 | **외주 디자인** 고문화
마케팅 이송희, 한유리, 이민재 | **관리** 최우리, 김정선, 정원경, 홍보람, 조영행, 김지혜
펴낸곳 도서출판 풀빛 | **등록** 1979년 3월 6일 제 2021-000055호
주소 서울특별시 강서구 양천로 583 우림블루나인 A동 21층 2110호
전화 02-363-5995(영업) 02-362-8900(편집) | **팩스** 070-4275-0445
전자우편 kids@pulbit.co.kr | **홈페이지** www.pulbit.co.kr

ISBN 978-89-7474-334-5 74910
ISBN 978-89-7474-328-4(세트)

ⓒ백명식 2015

이 도서의 국립중앙도서관 출판시도서목록(CIP)은 서지정보유통지원시스템 홈페이지(http://seoji.nl.go.kr)와
국가자료공동목록시스템(http://www.nl.go.kr/kolisnet)에서 이용하실 수 있습니다.
(CIP제어번호: CIP2015007386)

* 책값은 뒤표지에 표시되어 있습니다.
* 파본이나 잘못된 책은 구입하신 곳에서 바꿔 드립니다.

품명 아동 도서   **사용연령** 7세 이상
제조국 대한민국   **제조년월** 2023년 1월 20일
제조자명 도서출판 풀빛   **연락처** 02-363-5995
주소 서울특별시 강서구 양천로 583 우림블루나인 A동 21층 2110호
주의사항 종이에 베이거나 긁히지 않도록 조심하세요.
책 모서리가 날카로워 던지거나 떨어뜨리지 마세요.
KC마크는 이 제품이 공통안전기준에 적합하였음을 의미합니다.

저학년 첫 역사책
근현대

안녕? 한국사

6

우리는 왜 남북으로 갈라졌을까?

글·그림 **백명식**
감수 **김동운** (전 국사편찬위원회 교육연구관)

차례

	책을 읽기 전에	6
마지막 미션	우리는 왜 남북으로 갈라졌을까?	8
민족의 수난	나라 잃은 백성은 서러워	14
	자세히 보기_ 나라를 빼앗고 우리 민족을 괴롭힌 일제	26
독립을 위한 노력	반드시 나라를 되찾을 거야!	30
	자세히 보기_ 끊임없이 이어진 다양한 독립 운동	42

광복과 분단	둘로 갈라진 남과 북	46
	자세히 보기_ 8·15 광복과 6·25 전쟁	58

민주주의를 위하여	국민의 힘은 막을 수 없어!	62
	자세히 보기_ 국민의 힘으로 지켜낸 민주주의	72

대한민국의 발전	남과 북은 하나야!	76
	자세히 보기_ 평화 통일을 위한 끊임없는 노력	86

미션 해결	평화 통일은 우리 민족의 숙제야	90

역사 돌아보기_ 이런 일이 있었대요   94

책을 읽기 전에

도깨비들과 함께하는
신 나는 한국사 여행

얘들아, 안녕? 나는 할아버지 도깨비란다.
지금부터 우리 도깨비들과 함께 한국사 여행을 떠날 거야.
그 전에 몇 가지 알아두어야 할 게 있단다.

우리 도깨비들은 이 책의 주인공인 두남이에게 큰 빚을 졌어.

아주 오래 전, 우리는 다른 도깨비들과 싸움을 한 벌로 항아리에 갇혔단다. 누군가 그 항아리를 깨지 않으면 영영 나올 수 없었지. 그런데 두남이가 실수로 항아리를 깨 준 거야. 그래서 우리는 두남이를 위해 착한 일을 해야 한단다.

우리 도깨비들은 두남이가 한국사에 대해 가지고 있는 궁금증을 풀어 주기 위해서 직접 옛날로 날아가기로 했어. 우리는 시간과 장소를 마음대로 넘나들 수 있거든. 인간의 역사에 끼어들면 절대 안 되지만 말이다.

이 책을 넘기다 보면, 각 역사의 장면 속에 우리 도깨비들이 숨어 있어. 구석구석 숨어 있으니까, 어디에 있는지 한번 찾아보렴.

한 도깨비에게 주어진 시간이 끝나면, 그 시대에 대한 좀 더 자세하고 많은 이야기를 해 주도록 하마.

도깨비들이 여행을 마치고 돌아오면, 내가 도깨비들이 알아온 내용을 정리해서 두남이의 궁금증을 풀어줄 게다.

자, 이제 우리 도깨비들과 함께 한국사 여행을 떠나자꾸나!

> 마지막 미션

우리는 왜 남북으로 갈라졌을까?

"우와, 드디어 시작이다!"
오늘은 미국과 북한의 축구 경기 중계가 있는 날이야.
두남이는 지용이네 집에서 함께 경기를 보고 있었어.
"미국 이겨라! 미국 이겨라!"
지용이가 미국을 응원하기 시작했어.

"야! 너 왜 미국을 응원해? 북한을 응원해야지!"
두남이가 지용이를 나무랐어.
"왜 북한을 응원해야 돼? 우린 미국이랑 더 친한데."
지용이는 이상하다는 듯이 두남이를 쳐다봤어.
"무슨 소리야, 북한은 우리랑 같은 민족이잖아."
두남이는 당연한 걸 물어보는 지용이가 더 이상했어.

"같은 민족이면 뭐해? 우리나라를 쳐들어온 적도 있는데."
지용이도 지지 않고 두남이에게 따졌어.
"하지만 그래도 곧 통일이 되면……."
왠지 자신이 없어진 두남이는 말끝을 흐렸어.
그러고는 괜한 화풀이를 했지.
"에이, 우리나라는 왜 남북으로 갈라지고 난리야!"

두남이는 고민에 빠졌어. 축구는 눈에 들어오지도 않았지.
'우리는 같은 민족인데 왜 친하게 지내지 않는 거지?
아니, 왜 우리나라는 남북으로 갈라진 걸까?'
결국 두남이는 경기를 보다 말고 집으로 돌아왔어.
그리고 스스로 해답을 찾기 위해 컴퓨터를 켰지.
하지만 언제나처럼 답은 쉽게 찾을 수 없었어.

"우리나라는 왜 남북으로 갈라진 거니? 응?"
갑자기 두남이가 큰 소리로 물었어.
방 안에는 두남이 혼자밖에 없었는데 말이야.
두남이는 두리번두리번 방 안을 둘러보더니 다시 말했어.
"나는 잠깐 학원에 갔다 올게. 두 시간쯤 걸릴 거야."
그러더니 가방을 챙겨 메고 밖으로 나갔어.

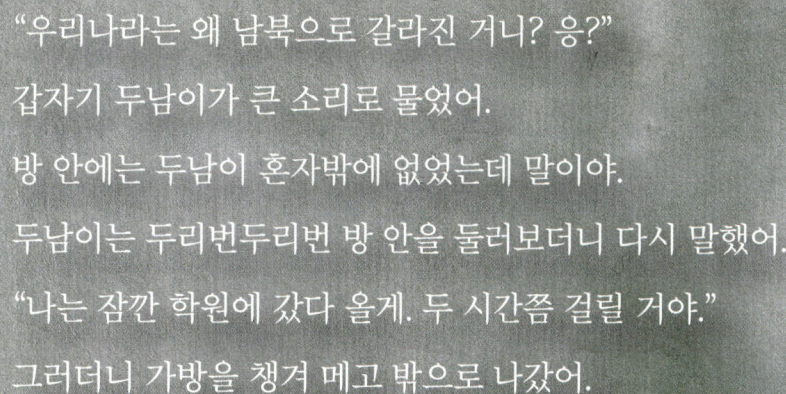

"오늘 숙제는 두남이가 내 주었구나."
옷장 속에 숨어 있던 할아버지 도깨비가 말했어.
"그런데 아무래도 두남이가 우리를 알고 있는 거 같아요."
멍석 도깨비가 의심스러운 표정을 지었지.
"그러게 말이다. 두남이 녀석, 눈치가 제법인걸? 허허."
어쨌든 이제 도깨비들이 나설 차례야. 깨비깨비!

> 민족의 수난

나라 잃은 백성은 서러워

멍석 도깨비는 대한 제국에 도착했어.
'하긴 이제 일본에 나라를 빼앗겼으니
대한 제국이라는 나라는 없어진 거지.'

사람들의 얼굴에서는 웃음이 사라졌어.
예전에 보았던, 따뜻하고 정이 넘치던 모습은 찾아볼 수 없었지.
거리 곳곳에 칼을 찬 헌병과 경찰들이 돌아다녔어.
여기저기 일본 국기가 휘날리고
사람들은 모여서 이야기를 나누는 것조차 눈치를 보는 것 같았어.
아주 작은 죄를 지어도 곧장 감옥에 잡혀 간다는 소문이 퍼졌지.

아이들은 학교에서 제복을 입고 칼을 찬 선생님에게
일본어와 일본 역사를 배우고 있었어.
'나라 잃은 백성들은 참 서럽구나. 자기네 글도 배우지 못하다니.'
멍석 도깨비의 마음까지 어두워졌어.

멍석 도깨비가 한 마을을 지날 때였어.
일본 경찰들이 논에서 일을 하던 농민들을
쫓아내고 있었어.
"대체 무슨 일이에요?"
멍석 도깨비는 쫓겨난 농민들에게 물었어.

"땅을 빌리는 값이 너무 비싸서 더는 빌릴 수가 없구나."
"난 일본이 싫어서 내가 땅 주인이라고 신고를 하지 않았더니
내 땅을 빼앗아 갔어."
농민들은 억울한 마음에 분통을 터뜨렸지.
"그렇게 땅을 빼앗아서 어디에 쓴대요?"
"어디에 쓰긴! 자기네 나라 사람들에게 싸게 파는 거지!"
나라를 빼앗은 일본은 땅마저 빼앗아서 일본인들에게 싸게 판 거야.
게다가 어렵게 농사지은 쌀을 일본으로 가져갔고 말이야.
"이렇게 살기 힘들어서야……. 다른 곳은 좀 나으려나……?"
농민들은 농촌을 떠나 도시나 만주, 일본으로 갔어.
멍석 도깨비도 사람들을 따라 도시로 왔지.

하지만 도시도 농촌과 크게 다를 건 없었어.

일본 사람들은 조선 땅에 들어와 자유롭게 회사를 세웠어.

그래서 많은 일본 회사들이 들어오기 시작했지.

조선 사람들은 변두리로 쫓겨나고

대신 일본 사람들이 도시 중심에서 살고 있었어.

공장에서 일하는 사람들은 적은 돈을 받고 힘들게 일을 했지.

대부분의 조선 사람들은 먹고사는 게 힘들었어.

사정이 이러니, 농촌을 떠나 도시로 온 사람들은

하루하루 벌어먹거나 구걸로 먹고살 수밖에 없었어.

그 모습을 보기 괴로웠던 멍석 도깨비는 시간을 건너뛰었어. 깨비깨비!

"일본이 정말 그렇게 강해?"

누군가가 믿지 못하겠다는 듯이 묻는 소리가 들렸어.

"우리나라 말고도 여러 나라에 쳐들어갔대."

멍석 도깨비도 귀를 쫑긋했지.

"벌써 중국이랑 전쟁이 시작되었다던데."

"정말? 우리 설마 전쟁터로 끌려가는 건 아니겠지?"

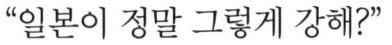

'일본은 정말 욕심이 많은 나라군.'
멍석 도깨비는 화가 났어. 자기네 나라의 이익을 위해서
남의 나라에 마구 쳐들어가다니, 이해할 수 없었지.
그런데 그때 어느 아주머니가 울부짖는 소리가 들렸어.
"나는 아들이 한 명밖에 없어요. 우리 아이는 안 됩니다!"
멍석 도깨비는 소리가 나는 곳으로 달려갔어.

아주머니는 일본 경찰의 팔을 잡고 울고 있었어.
아주머니의 아들인 듯한 소년이 겁에 질린 얼굴을 하고
일본 경찰들에게 끌려가고 있었지.
"무서워요, 어머니! 저는 총도 쏠 줄 몰라요. 엉엉."
"시끄럽다! 대 일본 제국의 병사가 되는 걸 영광으로 알도록!"
멍석 도깨비는 소년을 구해 주고 싶었지만, 그럴 수 없었어.
인간의 역사에 끼어들면 안 되니까 말이야.

일본은 조선의 남자들을 마구잡이로 전쟁터에 끌고 갔어.
어린 학생들도 가리지 않고 모두 데려 갔지.
전쟁터뿐만 아니라 탄광, 공사장 같은 곳에도 끌고 갔어.
끌려간 사람들은 험한 일을 견디지 못해 죽기도 했고,
도망치기도 했어. 아까운 젊은이들이 쓰러져 갔어.

그렇게 끌려간 사람들 중에는 어린 소녀들도 있었어.
소녀들은 만주나 중국, 필리핀 등으로 끌려가서
일본군을 상대하는 위안부로 살아야 했어.
'계속 이렇게 일본에게 당하고만 있는 거야?'
침착하기로 이름난 멍석 도깨비이지만
이번만큼은 흥분이 가라앉지를 않았어.

'아냐, 분명 두남이네 조상도 일본에 맞서 싸웠을 거야.'

멍석 도깨비는 건너뛰었던 시간으로 돌아가 되짚어 보기로 했어.

용감한 두남이네 조상이 일본에 맞선 모습을 보고 싶었거든.

그런데 그때 멍석 도깨비의 목걸이가 반짝였어.

'할 수 없지. 다음 도깨비에게 부탁해야겠다.'

멍석 도깨비는 두남이네로 돌아갔어. 깨비깨비!

> 자세히 보기

나라를 빼앗고 우리 민족을 괴롭힌
일제

나라를 빼앗은 일제(일본 제국주의)는 우리나라를 다스리기 위해 조선 총독부를 세웠어. 조선 총독부는 막강한 권력을 쥐고 우리 민족을 강하게 억눌렀지. 애국 운동을 벌이던 여러 단체를 없애고, 사람들을 가뒀어. 우리 민족은 기본적인 권리조차 빼앗겼어. 전국에는 일제의 헌병들이 깔렸는데, 군사적인 힘으로 우리나라를 강제로 다스리기 위해서였어. 심지어 학교 선생님들까지 제복을 입고 칼을 차도록 만들었지.

일제

일제는 '일본 제국주의'의 줄임말이야. 당시 일본은 자기 나라의 이익을 위해 우리나라뿐 아니라 다른 여러 나라를 침략했는데, 이것을 일컬어 일본 제국주의, 즉 일제라고 해.

그리고 일제는 토지 조사 사업을 벌였어. 땅을 가진 사람들은 자신이 주인이라는 사실을 일제에 신고해야 했어. 신고되지 않은 땅은 주인이 없는 땅이라며 일제가 가져갔지. 그러고는 일본인에게 싼값에 팔아 넘겼어.

토지 조사 사업을 벌인 다음 일제는 쌀을 더 많이 수확하기 위해 저수지와 물길을 만들 것 등을 농민들에게 지시했어. 그렇게 해서 쌀의 생산은 늘어났지만, 일제는 그보다 더 많은 쌀을 일본으로 가져갔지.

그 때문에 농민들의 생활은 더욱 어려워졌어.

동양 척식 주식회사

일제가 토지 조사 사업을 통해 빼앗은 '주인 없는 땅'을 일본인들에게 싼값에 팔기 위해 만든 회사야.

많은 사람들이 우리나라를 떠났어.
일제의 손이 미치지 않는 곳에서 독립 운동을 펼치기 위해
떠난 사람도 있고, 아예 새로운 시작을 위해 떠난 사람들도 있어.
하지만 그들은 나라 없는 고통을 겪어야 했지.
러시아는 연해주에서 독립 운동을 하며 모여 살던 우리나라 사람들을 강제로
중앙아시아의 여러 곳에 버렸어. 그리고 일본은 간토 지방에 큰 지진이 일어났을 때,
헛소문을 퍼뜨려 우리나라 사람들을 죽음으로 몰아넣었지. 무려 6천 여 명이나 말이야.

일제는 나라를 빼앗은 후 우리 민족이 가진 것들을 하나둘씩 강제로 빼앗았어. 뿐만 아니라 자신들이 일으킨 침략 전쟁에 필요한 사람과 물건들을 우리나라에서 강제로 가져갔지. 무기를 만들기 위해 가마솥이나 숟가락까지 빼앗아 갔고, 군인들의 먹거리가 될 만한 것들도 모두 가져갔어. 또한 수많은 학생들과 청년들이 공장이나 탄광, 또는 전쟁터로 끌려갔지.

일본군 위안부

남자들뿐만 아니라 여자들도 전쟁터에 끌려갔어.
전쟁터로 끌려간 젊은 여자들은 일본군 위안부 생활을 하며 많은 고통을 당했어.

독립을 위한 노력

반드시 나라를 되찾을 거야!

다음 차례인 고리짝 도깨비가 중국 하얼빈 역에 도착했어.
많은 사람들이 모여서 누군가를 맞이하고 있었지.
'대체 누가 왔기에 이렇게 난리야?'
고리짝 도깨비는 사람들에게 물어물어 누가 왔는지 알아냈어.
바로 조선을 일본 식민지로 만드는 데에 앞장선 이토 히로부미였어.

기차에서 내린 이토 히로부미가 사람들과 악수를 하고 있을 때였어.
"탕, 탕, 탕!"
갑자기 총소리가 나더니 사람들이 비명을 질렀어.
총소리 난 곳에는 한 남자가 총을 들고 서 있었지.
남자는 군인들에게 잡혀 가면서도 당당함을 잃지 않았어.
'저 사람은 안중근 의사 아닌가?'
두남이가 읽던 위인전에서 본 적이 있거든.
고리짝 도깨비는 끌려가는 안중근 의사의 모습이 안타깝기도 했지만,
한편으로는 왠지 뿌듯했어.

다시 시간을 건너뛰었더니, 그곳에서는 만세 운동이 일어나고 있었어.

"우리는 우리 조선이 독립한 나라임을 선언한다!"

"대한 독립 만세! 대한 독립 만세!"

너도나도 태극기를 들고 만세를 외쳤지.

'아니, 내가 시간을 너무 많이 건너뛰었나? 벌써 독립한 거야?'

고리짝 도깨비는 어리둥절했어.

그래서 열심히 만세 운동 중인 한 여학생을 붙잡고 물었어.

"얘, 오늘이 몇 일이니? 혹시 일본으로부터 독립한 거냐?"

"3월 1일이에요. 아직은 독립을 못했지만 반드시 나라를 되찾을 거예요."

여학생은 확신에 찬 표정으로 대답했어. 고리짝 도깨비는 감동했지.

만세 운동에 앞장선 그 소녀의 이름은 유관순이라고 했어.

'아직 어린 소녀인데 정말 대단하군. 너의 바람은 꼭 이루어질 게다.'

만세 운동 이후, 일본에 맞서려는 움직임은 더욱 활발해졌어.
고리짝 도깨비는 이번엔 중국의 상해로 날아갔어.
두남이네 집에 있는 멍석 도깨비로부터 연락이 왔거든.
상해에 대한민국 임시 정부가 세워졌다는 거야.
임시 정부가 여러 개였는데, 그것들을 하나로 합친 거래.
'국내에서는 일본의 감시가 너무 심하니까 중국에 세웠나 보군.'

"자, 동포들에게 어서 독립 운동 소식을 전하세."
임시 정부는 독립 운동의 중심 역할을 하며 바쁘게 활동했어.
〈독립신문〉도 펴내고, 외국에도 나가 우리나라의 독립을 주장했지.
'이제 본격적인 독립 운동이 시작되겠군.'
고리짝 도깨비는 마치 자기 일인 것처럼 기뻤어.

임시 정부뿐만 아니라 독립군 부대도 만주 지역에 만들어졌어.

"오, 일본군이랑 싸우려는 게요.?"

고리짝 도깨비는 열심히 훈련 중인 젊은이에게 물었어.

"예, 우린 이미 일본군에게 첫 승리를 거두었어요."

독립군 부대가 머물고 있는 봉오동에 쳐들어온 일본군을 무찔렀다는 거야.

"하지만 곧 일본군이 다시 쳐들어올 거예요. 그래서 그것에 대비해서 훈련을 하는 중이에요."

얼마 지나지 않아 정말 일본군이 다시 쳐들어 왔어.
하지만 독립군 부대는 이미 단단히 준비하고 있었지.
계곡과 숲이 우거진 청산리에 숨어서 기다리고 있었거든.
"돌격! 나를 따르라!"
김좌진 장군은 병사들을 이끌고 싸움에 나섰어.
일본군에 비해 무기와 병사 모두 많이 부족했지만
목숨을 바쳐 싸운 독립군이 일본군을 크게 물리쳤어.

'아, 너무 열심히 날아왔나 봐. 배가 고프네.'

시간을 건너뛰어 다시 상해로 온 고리짝 도깨비는 배가 고팠어.

그런데 어떤 행사장에 도착했을 때 도시락을 든 남자가 보였지.

"맛있겠다! 좀 나누어 달라고 해야지."

고리짝 도깨비는 입맛을 다시며 남자에게 다가갔어.

그런데 그 남자가 갑자기 앞으로 뛰어나가며

도시락과 물통을 던지는 거야!

"앗, 안 먹을 거면 날 주지 아깝게 왜……."

그때 큰 소리를 내며 도시락이 터졌어!

"콰콰광!"

"아이고, 깜짝이야!"

고리짝 도깨비는 놀라 자빠질 뻔했어.

진짜 도시락이 아니라, 도시락 모양의 폭탄이었던 거야.

폭탄이 터지며 행사장에 있던 일본의 높은 사람들이 크게 다치거나 죽었어.

도시락을 던진 남자는 '대한 독립 만세'를 외치며 잡혀 갔지.

그 남자는 한인 애국단이라는 비밀 조직에 속한 윤봉길 의사였어.

나라를 되찾기 위한 노력이
계속되자 일본은 나라뿐만 아니라
사람들의 머릿속까지도
자기네 것으로 만들려고 했어.
한글도 못 쓰게 하고, 이름도
일본식으로 바꾸게 했지.
우리나라 역사를 거짓으로 꾸며
형편없는 것으로 만들고 말이야.

'너희가 아무리 그래 봤자 두남이네 조상은 곧 나라를 되찾을 거다.'
고리짝 도깨비는 마음속으로 굳게 믿었어.
목에 건 목걸이가 반짝거리며 돌아갈 시간이라고 알려 줬어.
"모두들 힘내시오!"
고리짝 도깨비는 두남이네로 돌아가며 크게 소리쳤어. 깨비깨비!

자세히 보기

끊임없이 이어진 다양한 독립 운동

일제에 나라를 빼앗긴 우리 민족은 독립을 위해 계속 애썼어.
안중근 의사는 1909년에 중국의 하얼빈 역에서 이토 히로부미를 죽였어.
이토 히로부미는 일본이 우리나라를 빼앗는 데에 앞장섰던 사람이야.
1932년에는 이봉창 의사가 일본 국왕을 향해 폭탄을 던졌고,
같은 해에 윤봉길 의사는 일본군들의 행사장에서 도시락 모양의
폭탄을 던졌어.
자신의 목숨을 바친 이러한 일들은 우리 민족의 독립 의지를 보여
주었어.

1919년 3월 1일 서울 탑골 공원에서는 우리 민족 최대의 독립 운동인 3·1 운동이 일어났어. 33명의 민족 대표는 독립 선언서를 통해 우리나라가 독립국임을 널리 알렸지. 독립 만세 운동은 나라 곳곳으로 퍼졌어.

3·1 운동 후에는 좀 더 짜임새 있는 독립 운동을 위해 중국 상해에 대한민국 임시 정부가 세워졌어. 임시 정부는 〈독립신문〉을 펴내고, 세계 여러 나라에 우리나라의 독립이 옳은 일임을 알리는 등 독립 운동의 중심점이 되었어.

유관순

열여섯 살에 3·1 운동에 참가한 유관순 열사는 고향으로 내려가 만세 운동에 앞장섰어. 그러나 일본 경찰에게 잡혀 고문을 당하다가 감옥에서 세상을 떠났어.

3·1 운동 이후 만주 지역에서 독립군 부대의 활동도 활발해졌어. 홍범도 장군이 이끄는 부대는 봉오동 전투에서 일본군과 맞서 크게 이겼어. 김좌진 장군이 이끄는 부대는 다른 독립군 부대들과 힘을 합쳐 청산리 부근에서 일본군을 크게 물리쳤지. 이것이 바로 우리나라 독립 투쟁 역사상 가장 빛나는 승리를 거둔 청산리 대첩이야.
일본군은 우리 독립군에게 계속 진 것에 대한 복수로 간도에 사는 우리 동포들을 마구 죽이고 마을을 불태우는 짓을 저질렀어.

민족정신을 키워 일제에 맞서려는 운동도 펼쳐졌는데 이를 위해 이승훈은 오산 학교를, 안창호는 신민회를 만들고 민족 학교인 대성 학교를 세웠어. 교육을 통해 국민을 깨우치고 독립을 위한 인재를 길러 나라의 힘을 키우려고 한 거야.

일제가 한글을 쓰지 못하게 하고 성과 이름도 일본식으로 바꾸게 하자, 이에 맞서 조선어 학회도 만들어졌어. 주시경은 한글을 연구하고 널리 퍼뜨려 민족의 혼을 지키려 노력했지.

창씨개명

일제는 우리의 성과 이름을 쓰지 못하게 하고, 일본식으로 바꾸게 했는데 이를 창씨개명이라고 해. 많은 사람들이 따를 수밖에 없었지만 끝까지 이름을 바꾸지 않는 사람도 있었어.

광복과 분단

둘로 갈라진 남과 북

그나저나 할아버지 도깨비는 걱정이 태산이었어.
이번 미션은 나라가 왜 남북으로 갈라졌는지를 알아내는 건데,
아직 나라조차 없으니 말이야.
'이러다가는 두남이의 고민을 풀어 줄 시간이 모자라겠군.'
그래서 똑똑한 공책 도깨비를 보내기로 했어.
두남이가 알고 싶어 하는 남과 북의 이야기가 이제 나올 때도 됐거든.
아마 공책 도깨비라면 바로 미션을 해결할 수 있을 거야.

공책 도깨비가 도착해 보니, 다들 태극기를 들고 만세를 부르고 있었어.
"어라? 3·1 만세 운동이 또 일어났나?"

그런데 그때와 달리 사람들의 표정이 기쁨에 넘치고 있었어.

"대한 독립 만세!"

"드디어 나라를 되찾았다!"

맞았어! 일본 왕이 항복을 하면서 대한민국이 광복을 맞게 된 거였어.

온 나라가 벅찬 감격과 기쁨에 휩싸여 있었지.

감격스러운 표정으로 눈물을 흘리는 사람들도 있었어.

공책 도깨비도 괜스레 눈물이 났지.

'다들 그동안 고생 많으셨어요.'

광복을 맞아 해외에 있던 많은 사람들이 고국으로 돌아왔어.
감옥에 갇혀 있던 독립 운동가들도 풀려났어.
"이제 정말 우리 손으로 나라를 세우는 거지?"
사람들은 저마다 새로운 나라 건설을 위한 꿈에 부풀어 있었지.
민족 지도자들은 머리를 맞대고 고민했어.
하지만 쉬운 일은 아니었어. 뜻을 하나로 모으지 못했지.

게다가 남쪽에는 미군이, 북쪽에는 소련군이 머무르게 되었어.
'설마, 이렇게 남과 북이 영원히 갈라지는 건 아니겠지?'
공책 도깨비는 미션을 해결할 수 있다는 기쁨보다 걱정이 앞섰어.
미국, 소련, 영국 세 나라는 임시 정부를 먼저 세운 다음,
우리나라를 대신 다스리는 신탁 통치를 하기로 결정했어.
이 결정을 놓고도 한반도는 찬성과 반대로 여전히 시끄러웠고,
남북 통일 정부를 세우는 일은 점점 더 어려워졌어.

평화를 위한 여러 나라의 모임인 국제 연합(유엔)에서는 남북한을 합쳐서 선거를 하기로 결정했어. 선거를 치러서 나랏일을 할 국회의원을 뽑아야 했거든. 하지만 북한은 거부했어.
"그렇다면 선거가 가능한 남한만이라도 해야 합니다."
"우리는 한민족입니다. 남북이 함께 해야 합니다."
남쪽 지도자들의 생각은 서로 많이 달랐어.

남북 통일 정부를 주장한 사람들은 북한을 직접 설득하려 했지만
결국 실패하고 남한만의 선거가 치러지게 되었어.
우리나라 역사상 처음으로 민주적인 방법으로 국회의원이 뽑힌 거야.
그리고 헌법이 만들어지고, 첫 대통령으로 이승만 대통령이 뽑혔지.
북한에는 김일성이 이끄는 공산주의 정권이 탄생했어.
"정말 남과 북이 나누어졌군 그래. 미션이 해결됐네."
공책 도깨비는 아쉬움 가득한 얼굴로 말했어.

그런데 목걸이가 반짝이질 않는 거야.
"어? 미션이 해결된 게 아닌가?"
아직 더 남은 게 있나 봐.
공책 도깨비는 좀 더 알아보기 위해 시간을 건너뛰기 시작했어.
2년 쯤 지나왔는데 갑자기 아래에서 시끄러운 소리가 들리는 거야.
'모두가 잠든 이 새벽에 대체 무슨 일이지?'
아래를 내려다보니 수많은 탱크와 군인들이 북에서 내려오고 있었어!

"이런! 못된 놈들! 전쟁이다, 전쟁!!"

공책 도깨비는 재빨리 내려가 사람들을 깨웠어.

말 그대로 난리가 났어.

여기저기서 총소리와 포탄 소리, 아이들 우는 소리가 정신없이 들렸지.

거리는 피란을 떠나는 사람들로 가득했어.

갑작스런 북한의 공격에 남한은 그저 당할 수밖에 없었지.

북한은 낙동강까지 밀고 내려왔어.

'이러다가 북한이 남한을 다 차지하는 거 아냐?'

도와주고 싶어도 참아야 하는 공책 도깨비는 점점 불안해졌어.

그런데 얼마 후 미군을 비롯한 유엔군이 남한을 도와주기 시작했어.

인천을 통해 들어온 우리 국군과 유엔군은 빼앗겼던 서울도 되찾았지.

그리고 이번에는 압록강 부근까지 거침없이 밀고 올라갔어.

"이야, 이참에 통일을 해 버렸으면 좋겠다!"

공책 도깨비도 모처럼 신이 나서 따라 올라갔지.

그런데 저 멀리서 새까맣게 많은 사람들이 몰려오는 것이 보였어.

마치 바닷물이 밀려오는 것 같았어.

어마어마한 인구를 가진 중국이 북한을 도와 전쟁에 끼어든 거였어.

국군과 유엔군은 어쩔 수 없이 다시 뒤로 밀렸지.

엎치락뒤치락 힘든 싸움이 계속되었어.

공책 도깨비는 전쟁이 길어지자 걱정이 되었어.

이미 많은 사람들이 죽거나 다쳤고

부모 형제가 서로 살았는지 죽었는지도 모른 채 헤어지기도 했거든.

나라꼴도 엉망이 되었어.

결국 전쟁을 멈추기 위한 휴전 회담이 진행되었어.

휴전선이 그어지고, 남과 북은 나뉘고 말았지.

공책 도깨비는 보고 들은 걸 공책에 깨알같이 적었어.
'이때 갈라진 남북이 지금까지도 통일되지 못한 거구나.
이번엔 진짜로 미션이 해결된 것 같네.'
같은 민족끼리의 전쟁을 본 공책 도깨비는
미션을 해결했지만 슬펐어. 인간들을 이해할 수 없었지.
공책 도깨비는 목걸이를 만지작거리며 사라졌어. 깨비깨비!

8·15 광복과 6·25 전쟁

1945년 8월 15일, 제2차 세계 대전에서 진 일본이 연합군에 항복하면서 우리나라는 광복을 맞이했어. 광복 후 민족 지도자들은 다른 나라의 힘을 빌리지 않고 정부(나라를 다스리는 기구)를 세우기 위해 준비했어.

하지만 의견을 쉽게 모으지 못했지. 결국 우리의 뜻과 상관없이 38도 선을 중심으로 남쪽에는 미군이, 북쪽에는 소련군이 머무르게 되었어. 우리나라가 둘로 나누어지게 된 거야.

그리고 미국과 소련, 영국 세 나라는 제2차 세계 대전 후의 문제들을 처리하기 위해 모스크바에서 회의를 열었어. 회의 결과, 우리나라에 임시 정부를 세우고 미국, 영국, 중국, 소련 네 나라가 다스리기로 결정했지. 5년 동안 신탁 통치를 하기로 한 거야. 우리 민족은 그 결정을 받아들일 수 없었어. 그래서 반대 운동이 크게 일어났어. 그러나 신탁 통치에 찬성하는 사람들이 생기면서 의견이 갈라지기 시작했어.

신탁 통치

국제 연합(유엔)이 정한 나라가 어떤 지역을 다스리는 제도를 신탁 통치라고 해. 국제 연합은 제2차 세계 대전 후에 생긴 국제적인 평화 기구야.

국제 연합에서는 남북한 총선거를 치러서
통일 정부를 세우라고 결정했어.
하지만 북한은 이 결정을 받아들이지 않았지.
김구 등이 나서서 북한을 설득해 보았지만 실패했어.
결국 1948년 5월 10일, 남한에서만 선거가 치러져서 국회의원이
뽑혔어. 이승만은 대통령으로 당선되었고, 8월 15일에는
대한민국 정부가 세워졌지.
한편 북한에서는 김일성이 공산주의 정권을 세웠고,
우리나라는 남과 북이 갈라지게 되었어.

그리고 1950년 6월 25일, 북한이 남한에 쳐들어왔어. 남한보다 앞선 군사력으로 통일을 하려고 했던 거야. 갑작스럽게 공격을 당한 우리 국군은 낙동강 아래까지 밀리고 말았어. 그러다가 유엔군이 우리를 도우면서 빼앗겼던 서울도 되찾고 압록강까지 치고 올라갔지. 그러나 중국군이 밀고 내려오는 바람에 다시 밀리고 말았어.

결국 1953년 7월, 전쟁을 중단하기로 약속했어.

남과 북은 휴전선으로 다시 나뉜 채 오늘날까지 이어져 오고 있어.

> 민주주의를 위하여

국민의 힘은 막을 수 없어!

공책 도깨비가 미션을 이미 해결했지만,
할아버지 도깨비는 절구 도깨비를 1960년 4월 19일로 보냈어.
"여기는 대통령이 사는 곳 아닌가?"
절구 도깨비가 도착한 경무대(청와대) 앞에는 웬 사람들이 잔뜩 모여 있었어.
아이 어른 할 것 없이 무척 화가 난 듯 소리를 질렀지.
"3·15 선거는 무효다!"
"대통령은 물러나라!"

한 달쯤 전에 치러진 선거에서 이승만 대통령이
옳지 않은 방법을 써서 다시 대통령에 뽑혔대.
그래서 수많은 사람들이 시위를 벌이고 있는 거였어.
경찰과 군인들이 총을 쏘며 사람들을 막았지만 소용없었지.
결국 며칠 뒤, 이승만 대통령은 자리에서 물러났어.
사람들은 민주주의를 지켰다고 기뻐했어.
국민이 나라의 주인이 되어 국민을 위한 정치가 이루어지는 게 민주주의래.

국민들이 힘을 합쳐 대통령까지 물러나게 하는 것을 보자
절구 도깨비는 민주주의의 소중함을 느꼈어.
'국민의 힘을 막을 수는 없는 거구나.'
평소 촐랑거리는 절구 도깨비지만, 제법 어른스러운 생각을 했지?
그런데 새롭게 뽑힌 대통령도 오래가지 못했어.
이번에는 군인들이 강제로 나라의 권력을 빼앗았거든.

군인이었던 새 대통령은 전쟁으로 무너진 나라 경제를 일으키려 했어.

온 나라에는 노랫소리가 울려 퍼지기 시작했지.

"새벽종이 울렸네~ 새 아침이 밝았네~ 너도 나도 일어나~ 새 마을을 가꾸세 ♪"

농촌에서는 길을 넓히고, 집을 고치고, 새로운 작물을 심었어.

공장에서는 텔레비전과 자동차를 계속 만들었어.

하루가 다르게 나라의 모습은 바뀌어 갔지.

새로운 건물들이 세워지고, 서울과 부산을 오가는 고속도로도 만들었어.

'앞으로 나라가 얼마나 크게 발전할지 궁금한걸?'

절구 도깨비는 시간을 훌쩍 건너뛰어 보기로 했어. 깨비깨비!

"탕!"

절구 도깨비가 도착하자마자 들은 건 분명 총소리였어.

"설마 또 전쟁이 일어난 건가?"

그런데 뭔가 이상했어. 도착한 곳이 어느 방 안이었거든.

주위를 둘러본 절구 도깨비는 깜짝 놀랐지.

'저건 아까 그 대통령이잖아?'

글쎄, 대통령이 부하가 쏜 총에 맞아 목숨을 잃은 거였어!

온 나라가 난리가 났어. 여기저기 슬퍼하는 사람들의 모습이 보였지.

그런데 한쪽에서는 이상한 소리가 들렸어.

"혼자서 권력을 다 쥐고 있더니 기어이 저렇게 되는군."

"그러게 말일세. 18년 동안이나 대통령을 했으니……."

"경제를 위한다면서 민주주의를 엉망으로 만들었잖나."

전보다 잘살게는 되었지만, 국민들이 권리와 자유를 제대로 누리지 못했나 봐.

그런데 얼마 후 다른 군인들이 또다시 나라의 권력을 쥐었어.

화가 난 사람들은 거리로 뛰쳐나와 민주주의를 외쳤지.

온 나라를 날아다니며 돌아보던 절구 도깨비는

전라도 광주 지역을 지나다가 깜짝 놀랐어.

군인들이 민주화를 외치는 시민들을 향해 총을 쏘고 있었어!

"대체 뭐하는 짓이야!"

너무 화가 난 절구 도깨비는 소리치며 군인들을 막아서려 했어.

그때 어디선가 할아버지 도깨비의 목소리가 들렸어.
"인간들의 역사에 끼어들면 안 된다는 걸 잊었느냐!"
화가 난 나머지 절구 도깨비가 규칙을 깰 뻔했던 거야.
절구 도깨비는 눈물을 흘리며 뒤로 물러났어.
시민들은 군인들을 이길 수 없었고, 결국 많은 사람들이 죽거나 다쳤어.
'이렇게 목숨을 바칠 정도로 민주주의는 소중한 것이구나.'
아무래도 할아버지 도깨비는 이걸 알려 주고
싶었던 것 같아.

절구 도깨비는 천천히 시간을 건너 날아다니며
이 나라의 민주주의가 자리 잡는 모습을 지켜보았어.
그러는 동안 수많은 사람들이 체포되고, 고문을 받았어.
그러다가 대학생 한 명이 고문으로 숨졌지.
국민들은 다시 민주주의를 요구하며 불같이 일어났고,
결국 국민의 손으로 직접 대통령을 뽑을 수 있게 됐어.
1987년 6월의 일이야.

여러 가지 일을 겪은 절구 도깨비는 역사 속에는 좋은 일도 많지만 힘들고 어려운 일도 많이 일어난다는 걸 알았어.
"덕분에 나도 많이 어른스러워진 것 같네.
이젠 제발 큰 탈이 없었으면 좋겠다."
절구 도깨비는 더 이상 나쁜 일이 일어나지 않기를 바라며 두남이네로 돌아가기로 했어. 깨비깨비!

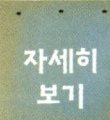
자세히 보기

국민의 힘으로 지켜낸
민주주의

우리나라의 네 번째 대통령을 뽑던 1960년 3월 15일, 대통령이었던 이승만은 옳지 않은 방법을 써서 다시 대통령에 오르려고 했어. 투표함을 바꿔치기 한 거야. 이 사실을 안 국민들은 선거를 다시 해야 한다며 시위를 벌였어. 경상남도 마산에서 시작된 이 시위는 전국으로 번져 갔고, 많은 사람들이 죽거나 다쳤지. 결국 이승만 대통령은 국민의 뜻에 따라 물러나고 새로운 정부가 세워지게 되었어. 이를 '4·19 혁명'이라고 해. 국민의 힘으로 민주주의를 지킨 대표적인 사건이야.

그러나 4·19 혁명을 통해 세워진 정부는 박정희가 일으킨 '5·16 군사 정변'으로 무너지게 돼. 군인들이 힘으로 나라의 권력을 잡은 거야.

대통령이 된 박정희는 새마을 운동과 경제 개발 5개년 계획을 통해 잘사는 나라를 만들기 위해 노력했어.

그러나 민주주의는 발전하지 못했지.

1972년에는 대통령에게 지나치게 많은 힘을 주는 유신 헌법을 통과시키면서, 민주주의를 바라는 국민들과 맞서게 돼.

결국 박정희 대통령은 1979년 김재규가 쏜 총에 맞아 죽게 되지.

국민들은 박정희 대통령의 죽음으로
민주주의가 되살아날 것이라고 기대했어.
그러나 이번에는 전두환과 노태우를 중심으로 한 군인들이 권력을 쥐었지.
많은 사람들이 강하게 민주화를 요구하는 시위를 했지만 권력을 쥔 군인들은
그들을 마구 잡아갔어.
특히 1980년 5월 18일 광주에서는 많은 시민과 학생들이 시위를 하다가
군인들에 의해 죽거나 다치는 가슴 아픈 일이 일어났어.
이를 '5·18 민주화 운동'이라고 해.

대통령이 된 전두환은 국민들의 자유를 억누르고, 민주주의를 원하는 사람들을 짓밟았어. 그러다가 1987년에 고문을 받던 대학생이 죽고 말았지. 전국 곳곳에서는 민주화를 요구하는 시위가 일어났어. 바로 '6월 민주 항쟁'이야.
결국 대통령 후보였던 노태우가 6·29 선언을 통해 국민의 요구를 받아들였어. 그리고 군인들이 권력을 독차지했던 군사 독재 기간을 지나 16년 만에 국민의 손으로 직접 대통령을 뽑을 수 있게 되었지.

대한민국의 발전

남과 북은 하나야!

"할아버지! 이제 제가 마무리하고 싶어요!"

두남이의 조상을 가장 먼저 만났던 개 도깨비가

제일 마지막도 가고 싶다고 손을 번쩍 들고 나섰어.

이제 현대로 왔으니 별로 힘이 들 일이 없다고 생각했거든.

"천천히 구경이나 하고 오면 되는 거죠?"

성질 급한 개 도깨비는 할아버지 도깨비가 대답을 하기도 전에 사라졌어.

개 도깨비는 잠실의 넓은 운동장에 도착했어.

올림픽을 상징하는 오륜 마크가 그려진 운동장에서 호돌이가 모자를 돌리며

춤을 추고 있었어. 운동장 가득 모인 사람들은 즐거워하며 박수를 쳤지.

"올림픽이 열리고 있는 모양이네? 어디, 구경 좀 해 볼까?"

개 도깨비는 호돌이 옆에 가서 춤도 추고,

여기저기 경기장을 기웃거리며 구경도 하고 응원도 했어.

"역시 구경 오길 잘했어! 이번엔 월드컵이다!"

신이 난 개 도깨비는 2002년 월드컵으로 날아가기로 했어.

그런데 2002년으로 날아가던 개 도깨비는
중간에 멈춰 버렸어. 사람들의 얼굴이 너무 어두워 보였거든.
멍한 표정으로 길거리에 앉아 있던 한 아저씨에게 물었어.
"무슨 일이에요?"
"우리 회사가 망했어. 경제 위기 때문이야."
1997년 나라에 큰 경제 위기가 닥쳐서 많은 회사가 문을 닫았대.
나라는 IMF(아이엠에프)라는 국제 금융 기구에서 많은 돈을 빌렸고,
국민들은 살기 어려워졌지.
"또 이런 큰일이 난 거야? 정말 조용할 날이 없군."
개 도깨비는 신 났던 기분이 금세 우울해졌어.

하지만 개 도깨비는 그냥 다시 시간을 건너뛰어 날아가기로 했어.
'수많은 어려움을 이겨 왔으니, 이번에도 잘할 거야.'
그리고 개 도깨비의 믿음처럼, 금 모으기 운동 같은 노력으로
대한민국은 다시 일어서게 되었어.

"짝짝~짝 짝짝, 대~한 민국!"

2002년은 그야말로 붉은 색의 물결이었어.

집에서도, 학교에서도, 거리에서도 온통 축구 얘기뿐이야.

개 도깨비도 재빨리 빨간 옷으로 갈아입고

처음 보는 사람들과 어깨동무를 하며 대한민국 축구팀을 응원했어.

"이렇게 축구를 잘할 줄은 몰랐는걸?"
대한민국 축구팀은 계속 이겨 나갔고 사람들은 신이 났지.
어찌나 뜨겁게 응원하는지 도로의 아스팔트도 녹일 것 같았어.
"매일매일 이렇게 재미난 일만 있었으면 좋겠다!"
개 도깨비는 항아리에 갇혀 있던 때를 떠올리며
다시는 돌아가고 싶지 않다고 생각했어.

다들 신 나 있는데 어떤 할머니가 쓸쓸한 표정으로 앉아 있었어.

"일본이 아니라 북한과 같이 하면 얼마나 좋았을꼬."

이번 월드컵 경기는 일본이랑 같이 여는 거였거든.

할머니는 북한에서 태어났는데 6·25 전쟁 때 남한으로 내려왔대.

"그럼 그때부터 가족들을 못 만난 거예요?"

"남북으로 헤어진 이산가족을 만나게 해 줘서 딱 한 번 만났지."

그때 일이 떠올랐는지 할머니는 눈물을 흘렸어.

"우리 대통령이랑 북한 김정일이 만나기도 해서
금세 통일이 될 줄 알았는데 아직도 먼 것 같구나."
"그래도 곧 통일이 될 거예요! 같은 민족이잖아요!"
개 도깨비는 할머니를 위로하며 직접 알아보기로 했어.
남북한 사이에 어떤 일들이 있었는지 후루룩 날아서 돌아봤지.
궁금해서 견딜 수가 없었거든.
성질 급한 개 도깨비답지?

할머니가 알려준 것 말고도 많은 일들이 있었어.
남한 사람들이 북한의 금강산에 관광도 갈 수 있었고
북한의 개성에 남한의 공장들이 세워지기도 했지.
'흠, 그래도 조금씩 노력하고 있군.'
개 도깨비는 남과 북이 서로 조금씩 마음을 열면
언젠가는 통일이 이루어질 거라고 생각했어.

'원래 하나였으니까, 곧 다시 하나가 될 수 있을 거야.'
목걸이가 반짝이며 개 도깨비가 돌아갈 시간이라고 알려 줬어.
"안녕, 대한민국!"
개 도깨비는 아쉬움을 뒤로한 채 두남이네로 돌아갔지. 깨비깨비!

> 자세히 보기

평화 통일을 위한 끊임없는 노력

4년마다 한 번씩 열리는 세계인의 축제
올림픽. 우리나라도 1988년 서울에서
올림픽을 열었어.
서울이 올림픽 개최지로 결정되던 날,
온 국민이 크게 기뻐했지.
6·25 전쟁으로 엉망이 되었던 우리나라가
올림픽을 열 정도로 발전했다는 것에 전 세계가 놀랐어.
2002년에는 일본과 함께 월드컵 축구 대회를 열었어.
사람들은 거리로 나와 우리나라 축구 대표팀을
뜨겁게 응원했어.
우리나라는 세계 4위라는 놀라운 성적을 거두었지.

우리나라는 1996년 선진국들의 모임인 경제 협력 개발 기구(OECD)에 들어갈 정도로 경제가 발전했어. 그러나 1997년에 큰 경제 위기를 맞았지.
국제 통화 기금(IMF)에서 돈을 빌려 겨우 큰 위험은 벗어났지만 나라는 어려워졌어.
기업들은 허리띠를 졸라맸지만, 망하는 기업들이 계속 생겨났어.
일자리를 잃은 실업자도 넘쳐났지. 국민들은 금 모으기 운동을 벌이는 등 위기를 이겨 내고자 노력했어. 결국 2001년, IMF에 빌린 돈을 모두 갚고 경제 위기에서 벗어났어.

우리 민족은 통일을 위해 끊임없이 노력해 왔어. 1972년 7월 4일에는 남북한이 갈라진 이후 처음으로 통일에 관한 합의문인 '7·4 남북 공동 성명'을 발표했어. 다른 나라의 간섭 없이, 그리고 군사적 대결 없이 평화 통일을 이루기로 뜻을 모았다는 점에서 큰 의미가 있지.

그리고 2000년과 2007년, 두 차례에 걸쳐 남북의 정상이 만났어. 이런 만남을 통해 남북한이 경제적으로 힘을 합쳐 돕는 것과 남북으로 흩어져 소식이 끊긴 이산가족 문제에 대해 의논했지.

지금 북한의 개성에는 남북이 힘을 합친 개성 공업 단지가 들어서 있어. 우리나라 회사들이 북한의 땅을 빌려 공장을 지었고, 북한 사람들이 공장에서 일을 하고 있지. 남북으로 헤어진 이산가족들의 만남도 여러 차례 이루어졌어. 그밖에도 여러 가지 방법으로 북한과 교류하고 있지.

이 모든 것은 평화 통일을 위한 노력이라고 할 수 있어. 남북한이 평화 통일을 이루는 것은 매우 중요하고도 필요한 일이야. 남한과 북한은 '하나'니까 말이야.

미션 해결

평화통일은 우리 민족의 숙제야

"같은 민족이 둘로 갈라진 건 정말 슬픈 일이에요."
할아버지 도깨비가 말도 꺼내기 전에
성질 급한 개 도깨비가 먼저 시작했어.
할아버지 도깨비는 웃으며 얘기했지.
"맞는 말이다. 광복 이후 남북으로 나뉘게 된 가장 큰 이유는
미국과 소련의 냉전이라는 세계 역사의 흐름 때문이었단다."

"그럼 다른 나라들 때문에 그렇게 된 거군요!"

절구 도깨비가 촐랑거리며 끼어들었어.

"그렇지만도 않단다. 북한의 김일성이 소련과 중국의 도움을 받아

공산 국가로 통일하기 위해 6·25 전쟁을 일으켰거든.

결국 6·25 전쟁으로 지금처럼 남북으로 나뉘고

남북의 대립이 더욱 심해진 거란다.

이제 남북한이 평화적으로 통일을 이루는 일이 민족의 숙제로 남은 거지.

아마 잘 해낼 게다."

할아버지 도깨비의 말에 다른 도깨비들도 고개를 끄덕였어.

"학원 다녀왔습니다!"
그때 마침 두남이가 집으로 돌아왔어.
두남이는 집에 들어오기가 무섭게 방 문을 열었지.
자기를 도와주는 보이지 않는 친구들을 만나고 싶었거든.
하지만 이번에도 방 안에는 아무도 없었어.
도깨비들이 준비한 마지막 자료만 책상 위에 놓여 있었지.
"에이, 또 없어졌네……."

하지만 두남이는 실망하지 않았어.

눈에 보이지 않을 뿐, 곁에 있다는 걸 알고 있었거든.

"친구들아, 고마워!"

두남이는 아무도 없는 방 안에 대고 고맙다는 인사를 했어.

어쩔 수 없이 시작한 일이었는데,

어느새 도깨비들은 두남이와 친구가 된 거야.

도깨비들은 왠지 뿌듯한 기분이 들어서 큰 소리로 외쳤어.

"앞으로도 어려운 일 있으면 언제든 말해!"

두남이 귀에는 들리지 않겠지만 말이야.

역사 돌아보기

선사 시대와 초기 국가 시대

약 70만 년 전	구석기 시대 시작
기원전 약 8000년 전	신석기 시대 시작
기원전 2333년	고조선 건국
기원전 2000년 무렵	청동기 시대 시작
기원전 400년 무렵	철기 시대 시작
기원전 108년	고조선 멸망

구석기 시대 / 신석기 시대

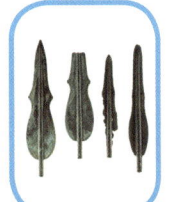
반구대 암각화 / 비파형 동검

삼국 시대와 후삼국 시대

기원전 57년	신라 건국
기원전 37년	고구려 건국
기원전 18년	백제 건국
660년	백제, 나·당 연합군에 멸망
668년	고구려, 나·당 연합군에 멸망
676년	신라, 당나라군을 물리치고 삼국 통일
698년	대조영, 발해 건국
900년	견훤, 후백제 건국
901년	궁예, 후고구려 건국

828년 신라 장보고, 청해진 설치

고구려 장수왕, 중원 고구려비 세움 / 751년 신라, 불국사와 석굴암 건립

고려 시대

918년	왕건, 궁예를 몰아내고 고려 건국
926년	발해, 거란에 멸망
935년	신라, 고려에 항복
936년	후백제 멸망. 고려, 후삼국 통일
1019년	강감찬 귀주대첩
1170년	무신 정변
1388년	이성계 위화도 회군
1392년	고려 멸망

청자 거북이 모양 주전자

1170년 무신 정변

958년 광종, 과거제 실시

팔만대장경

조선 시대

1392년	조선 건국
1443년	세종, 한글 창제
1592년	임진왜란
1897년	대한 제국 성립
1905년	을사조약
1910년	강제 병합으로 일제의 식민지가 됨

백자 철화 포도 원숭이 무늬 항아리

조선의 왕들이 살던 경복궁

세종 때 만들어진 해시계 앙부일구

보루각 자격루

근현대

이런 일이 있었대요

근현대

1910년	강제 병합으로 일제의 식민지가 됨
1912년	일제, 토지 조사 사업 시작
1914년	이상설, 대한 광복군 정부 수립
1919년	3·1 운동. 대한민국 임시 정부 수립
1920년	독립군, 봉오동 전투와 청산리 전투에서 승리
1926년	6·10 만세 운동
1927년	신간회 설립
1929년	광주 학생 항일 운동
1932년	이봉창, 윤봉길 의사 의거
1940년	대한민국 임시 정부, 한국광복군 설립
1942년	조선어학회 사건
1945년	8·15 광복
1945년	모스크바 삼국 외상 회의
1946년	미·소 공동 위원회
1948년	5·10 선거 실시, 대한민국 정부 수립
1950년	6·25 전쟁
1953년	휴전 협정
1960년	4·19 혁명
1961년	5·16 군사 정변
1962년	제1차 경제 개발 5개년 계획 실시
1965년	한·일 협정
1970년	경부 고속 도로 개통
1972년	7·4 남북 공동 성명 발표, 10월 유신 선포
1979년	10·26 사태, 12·12 군사 반란
1980년	5·18 광주 민주화 운동
1987년	6월 민주 항쟁, 6·29 선언
1988년	서울 올림픽 개최
1991년	남북한 국제연합(UN) 동시 가입
1993년	김영삼, 문민정부 시작
1997년	IMF 경제 위기
1998년	김대중, 국민의 정부 시작
2000년	제1차 남북 정상 회담 개최, 6·15 남북 공동 선언 발표
2002년	한·일 월드컵 대회 개최
2003년	노무현, 참여 정부 시작
2007년	제2차 남북 정상 회담 개최
2008년	이명박, 제17대 대통령 취임
2013년	박근혜, 제18대 대통령 취임

조선 총독부

동양 척식 주식회사

3·1 운동

대한민국 임시 정부

봉오동 전투의 홍범도 장군

6·10 만세 운동

윤봉길 의사 의거

8·15 광복

대한민국 정부 수립

6·25 전쟁

4·19 혁명

5·16 군사 정변

6·29 선언

서울 올림픽

IMF 경제 위기

제1차 남북 정상 회담

한·일 월드컵 대회 개최